Anselm Grün

Du wirst getröstet

FÜR TRAUERNDE

KREUZ

Wie soll ich dich trösten?
Ich habe keinen lieben Menschen verloren
wie du.
Die Trauer hat mich nicht im Griff wie dich.

Aber ich kenne Trauer
um einen lieben Menschen.
Ich weiß, wie sie sich einnisten kann
in mein Herz,
wie sie mich ganz in Beschlag nehmen kann.
Da hilft kein tröstendes Wort.
Es erreicht das Herz nicht.

Lass deine Trauer zu.
Lass deine Tränen zu!
Sie reinigen das Herz.
Sie befreien dich von dem Kloß im Hals.
Sie sind Ausdruck deiner Liebe für den Toten.

Jeder Abschied ist schwer.
Abschied zu nehmen tut weh.
Du kannst dem Schmerz des Abschieds
nicht ausweichen.
Du musst dich ihm stellen.

Aber mitten im Abschied ist die Hoffnung
auf ein Wiedersehen.
Du wirst den Verstorbenen wiedersehen.
Die Liebe, die du zu ihm hattest,
ist durch den Tod nicht erloschen.

Die Liebe ist stärker als der Tod.
Die Liebe überdauert den Tod.

Du wirst deine Liebe auf neue Weise erfahren,
wenn du dem Geliebten bei Gott
wieder begegnest.
Dann wird deine Liebe rein sein,
ohne die Verfälschungen unseres Herzens,
ohne die Begrenzung unserer Enge.
Du wirst ihn lieben können, wie er ist.
Und in dieser Liebe wirst du eins werden
mit ihm.

Das Wort „trauern“ kommt von einem
alten Wort für „fallen“.
Trauer lässt niedersinken, kraftlos werden.
Trauer zieht nach unten.
In der Trauer lässt du den Kopf sinken.
Sie raubt dir alle Kraft.

Das Wort „Trost“ dagegen kommt von Treue,
von Festigkeit.
Trost gibt Halt, mitten in der Trauer,
mitten in der Kraftlosigkeit.
Trost stellt dich wieder auf festen Grund.
Was kann dir Trost schenken?
Was gibt dir einen festen Grund?
Es gibt Menschen in deiner Nähe,
die fest zu dir stehen.
Gott ist ein zuverlässiger Grund,
auf dem du stehen kannst.
Gott ist mitten in deiner Trauer.
Er gibt dir Halt,
wenn du dich von ihm halten lässt.

Wenn du Abschied nimmst,
fühlst du dich allein.
Der Tote ist von dir gegangen.
Die andern in deiner Umgebung
nehmen auch Abschied von ihm.
Aber du bist allein mit deinem Schmerz.
Denn so wie du ihn gekannt und geliebt hast,
hat ihn kein anderer erlebt.

Die Lateiner haben den Trost – consolatio –
so verstanden,
dass da einer in deine Einsamkeit tritt,
dass du nicht alleine bist,
sondern einer dein Alleinsein teilt.
Du bist nicht alleingelassen.
Die Menschen in deiner Nähe teilen
deinen Schmerz.
Ich versuche, mich in dich hineinzufühlen.
Gott ist in deiner Einsamkeit.
Er ist der wahre Trost.

Wenn der Herr uns in unserem Tod in seiner Herrlichkeit erscheint, „dann werden wir immer beim Herrn sein. Tröstet also einander mit diesen Worten“ (1 Thess 4,17f).
Worte können trösten,
so glaubt der heilige Paulus.
Welche Worte können dich trösten?
Welches Wort kann dein Herz anrühren?
Ich möchte dir ein Wort sagen,
das mich getroffen hat.

Es ist das Wort von Gabriel Marcel,
einem französischen Philosophen:
„Lieben heißt zum andern sagen:
Du, du wirst nicht sterben."
Wen wir lieben, der stirbt nicht.
Der Geliebte wird dich vom Himmel aus lieben,
auf neue Weise.
Er wird dich begleiten.
Er ist bei dir. Seine Liebe umgibt dich.

Ich möchte dir noch
ein anderes Wort zum Trost sagen,
das Wort, das dir in der Taufe
zugesprochen wurde:
„Du bist mein geliebter Sohn,
du bist meine geliebte Tochter.
An dir habe ich Gefallen.“
Auch wenn du dich jetzt verlassen fühlst,
wenn du die Liebe des Verstorbenen vermisst,
so sollst du doch wissen:
Du bist ganz und gar geliebt,
auch jetzt in deiner Trauer.
Gottes Liebe hüllt dich ein.
Sie lässt dich nicht in die Dunkelheit fallen.
Gottes Liebe atmet in dir.
Gottes Liebe berührt dich in seinem Wort,
in seiner Schöpfung,
in den Menschen, die zu dir stehen.

Vielleicht spürst du nicht nur Trauer.
In dir ist auch Wut, dass dieser Mensch dich
verlassen hat, dass du nun alleingelassen bist.
Lass auch die Wut zu!
Sie will dich lehren, den Toten loszulassen,
um in eine neue Beziehung mit ihm zu treten.
Die Wut ist nur die Kehrseite der Liebe.

Sie zeigt, wie wichtig dir dieser Mensch ist.
Sie will dich befreien von Illusionen,
die du dir über ihn gemacht hast.
Sie will dich seinem wahren Bild nahebringen.
Deine Wut hält Ausschau nach dem Geliebten:
Was ist sein unverfälschtes Bild?
Wer ist er wirklich für mich?

Neben der Wut kennst du sicher auch Schuldgefühle.
Du machst dir Vorwürfe, dass du den Verstorbenen nicht noch mehr geliebt hast, dass viele Worte ungesagt geblieben sind, dass manche Differenzen nicht bereinigt wurden, dass du ihm nicht noch deutlicher gesagt hast, wie sehr du ihn magst.
Du hast ihn verletzt.
Das tut dir leid.
Aber vertraue darauf, dass er dir längst alles verziehen hat.
Er leidet nicht mehr darunter.
Er ist im Frieden.
Er ist bei Gott.
Er ist nun voller Wohlwollen und Liebe zu dir.

Wenn der Verstorbene dir vergeben hat – und das ist sicher, darauf kannst du bauen –, dann musst du dir selbst vergeben.
Höre auf nachzugrübeln, was du versäumt hast, was du falsch gemacht hast.
Das hilft dir nicht weiter.
Der Verstorbene möchte das nicht.
Er möchte, dass du an das Gute denkst, das ihr miteinander erlebt habt, dass du dankbar auf die gemeinsamen Stunden schaust, die ihr miteinander geteilt habt.
Schuldgefühle trennen dich vom Geliebten.
Lass sie beiseite!
Vergib dir selbst, damit du frei bist, ihn auf neue Weise zu lieben und seine Liebe ungestört zu genießen.

Du hast deine Gefühle
mit dem Verstorbenen geteilt,
du hast ihn gekannt wie kein anderer.
Nichts war dir verborgen.
Und er kannte dein Herz von Grund auf.
Alles, was ihr miteinander geteilt habt,
das hat der Verstorbene mitgenommen.
Das ist mit ihm nun bei Gott.
Ein Teil von dir ist schon bei
Gott und in Gott.
Ein Teil von dir ist schon gerettet,
ist schon angekommen in der Ewigkeit.
Und alles, was ihr miteinander geteilt habt,
das verbindet euch jetzt.
So sind in dir Himmel und Erde verbunden.
Leben und Tod,
Gott und Mensch.

Behalte die Trauer nicht für dich.
Teile sie andern mit, damit sie dich mittragen.
Vor allem aber sprich über den Toten, erzähle von ihm, woran du dich gerne erinnerst.
Hab auch keine Angst, von den Schattenseiten zu sprechen.
Die gehören auch zu ihm.
Die sind jetzt erlöst und erhellt.
Das Erzählen wird dich trösten.
Im Erzählen kommen dankbare Gefühle, da bekommst du ein Gespür für das Geheimnis, das der Verstorbene dargestellt hat, für das Einmalige und Besondere, das er war, das er für dich war.

Suche Trost in der Musik, die ihr gemeinsam gehört habt.
Lege die CD mit dem Musikstück auf, das ihr gerne miteinander genossen habt.
Da kannst du dich mit ihm eins fühlen.
Er hört diese Musik jetzt im Himmel an.
Er vernimmt die Töne so, wie sie eigentlich gemeint sind, als Laute der Sehnsucht, die unser Herz zu Gott tragen möchten.
Lasse dich in die Musik hineinfallen, dann fällst du hinein in die Liebe, die euch miteinander verbindet, dann wird dein Herz weit vor Sehnsucht, die dich nicht nur in Gott hinein, sondern auch in das Herz des Geliebten führt.

Gehe die Wege noch einmal,

die ihr gerne miteinander gegangen seid.
Nimm die Blumen am Wegrand wahr,
die Bäume, die schon damals standen,
als ihr dort spazieren gegangen seid.
Es ist Gottes Schöpfung,
durch die du da gehst.
In ihr begegnet dir der Gott,
bei dem jetzt der Verstorbene ist.
Gottes Liebe durchströmt die Schöpfung.
Es ist die gleiche Liebe,
die jetzt deinen Geliebten erfüllt.
So bist du in der Schöpfung
eins mit dem Schöpfer
und eins mit dem,
der im Tod in die liebenden Hände
Gottes gefallen ist.

Setz dich an die Orte, an denen der Verstorbene gerne war, in seine Lieblingskirche, in der er am besten beten konnte.
Was er hier versucht hat, im Beten auszudrücken, das ist jetzt in reines Gebet verwandelt.
Jetzt erreichen seine Worte Gott.
Sie gehen nicht mehr ins Ungewisse.
Vielleicht hilft dir das bei deinem Beten.
Deine Worte gelangen in der Gemeinschaft mit ihm nun auch vor Gott.
Sie reichen bis in den Himmel, dorthin, wo dein Geliebter ist.
Lass dich von diesem Bild trösten.
Es ist nicht Einbildung, sondern die Wirklichkeit.

Lies nochmals die Bücher, die der Verstorbene gerne gelesen hat.
Warum hat er ausgerechnet dieses Buch so sehr geliebt?
Was hat es in ihm ausgelöst?
Vielleicht geht dir beim Lesen auf, was den Verstorbenen im Herzen bewegt hat.
Jetzt erfährt er, was er im Lesen erahnt und ersehnt hat.
Vielleicht kannst du die Bücher mit neuen Augen lesen, mit Augen, die dir der Verstorbene leiht, der deinen Blick öffnen möchte für das Wesentliche, für das Geheimnis, das wir in jedem Lesen suchen.

Traue in deiner Trauer den Worten,
mit denen dich die Bibel trösten möchte:
„Gott wird alle Tränen
von ihren Augen abwischen.
Der Tod wird nicht mehr sein,
keine Trauer, keine Klage, keine Mühsal.
Denn was früher war, ist vergangen“ (Offb 21,4).
Diese Worte wollen
kein billiges Trostpflaster sein.
Sie wollen dein Herz erreichen,
deine Trauer, deinen Schmerz.

Die Worte wollen aufrichten,
sie wollen vermitteln, was sie sagen.
Wenn du die Worte in dein Herz fallen lässt,
dann kannst du dir vorstellen,
wie Gott jetzt deine Tränen abwischt,
wie er dich zärtlich streichelt
und dir zuspricht:
„Es wird alles gut.“

Bitte Gott,

dass er dir Träume sende,
in denen der Verstorbene zu dir spricht,
in denen er dir begegnet
und dir eine Weisung gibt,
in denen er dir mitteilt, wie es ihm geht.
Ich kenne viele Leute,
die nach dem Tod eines geliebten Menschen
von ihm träumten.
Das hat sie getröstet,
das hat ihnen die Gewissheit geschenkt,
dass die Gestorbenen
nicht ins Leere gefallen sind,
sondern dass sie bei Gott sind
und von Gott her innere Begleiter werden,
die uns auf unserem Weg helfen.
Bitte Gott um Träume,
damit du Weisung erfährst für deinen Weg.

Vertraue darauf, dass durch den Abschied von dem Verstorbenen in dir neues Leben aufblühen möchte.
Du bist du selbst.
Du bist einmalig, du bist etwas Besonderes.
Du definierst dich nicht nur von dem Geliebten her.
Du bist in dir wertvoll.
Bitte den Verstorbenen, dass er dir zeigt, was deine tiefste Bedeutung ist,

was in dir neu wachsen möchte,
welche Spur du in diese Welt eingraben sollst.
Dann schaust du nicht mehr nur zurück.
Dann wirst du deinen Blick
in die Zukunft richten.
Und du wirst mit neuer Kraft und Lust
deinen Weg gehen, deine Botschaft künden,
bis du als der einmalige Mensch eins wirst
mit dem einzigartigen Menschen,
der dir vorausgegangen ist.

Von Anselm Grün sind im Kreuz Verlag
in gleicher Ausstattung erschienen:

Finde Gott in deinem Alltag. Zur Inspiration
978-3-451-61206-0

Frohe Weihnachten
ISBN 978-3-451-61232-9

Gehalten in Zeiten der Trauer. Für Trauernde
ISBN 978-3-451-61207-7

Gestärkt von guten Mächten. Zum Krankenbesuch
ISBN 978-3-451-61297-8

Gottes Segen über all den Jahren. Ein Gruß zur Goldenen Hochzeit
ISBN 978-3-451-61284-8

Ich finde dich gelungen. Zum Geburtstag
ISBN 978-3-451-61209-1

Bearbeitete Neuausgabe 2014

www.kreuz-verlag.de

Gesamtgestaltung und Satz: Atelier Georg Lehmacher,
Friedberg (Bay.)
Fotografie Einband: © Georg Lehmacher
Fotografien innen: Renate & Georg Lehmacher
Herstellung: graspo CZ, Zlín

Gedruckt auf umweltfreundlichem, chlorfrei gebleichtem Papier

Printed in the Czech Republic

ISBN 978-3-451-61319-7